Règle

du

Jeu de Bridge

aux Enchères

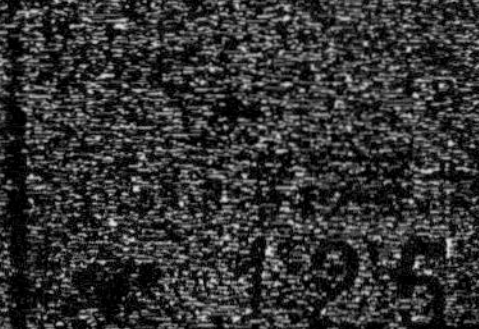

adoptée

par le « JOCKEY CLUB »

1927

Règle

du

Jeu de Bridge

aux Enchères

adoptée
par le " JOCKEY CLUB "

1927

Règle du Jeu de Bridge

Aux Enchères

A Quatre Joueurs

CHAPITRE PREMIER

Le robre

Article premier. — Un robre est une série de trois parties ou manches. Cependant si les deux premières manches sont gagnées par le même camp, la troisième n'est pas jouée.

CHAPITRE II

La marque

Art. 2. — Une manche se compose de trente points obtenus par les levées seulement, en dehors des points comptés par les Honneurs, le Chelem, les Bonis ou les amendes pour manques de levées.

Art. 3. — Les points des levées (simples ou contrées ou surcontrées) s'inscrivent au-dessous de la ligne que porte la marque ; tous les autres points au-dessus.

Art. 4. — Toute donne est jouée, et le surplus des 30 points nécessaires au gain d'une manche est toujours compté.

Art. 5. — Quand le déclarant (voir article 27) réussit sa déclaration en gagnant au moins autant de levées qu'il en a déclaré, chaque levée, au-dessus de la sixième compte :

6 points quand l'atout déclaré est trèfle ;
7 —   —   — carreau ;
8 —   —   — cœur ;
9 —   —   — pique ;
10 —   —   — sans atout.

Ces points deviennent respectivement 12, 14, 16, 18, 20 quand la déclaration a été contrée et 24, 28, 32, 36, 40 quand elle a été surcontrée (voir article 31).

ART. 6. — Les Honneurs sont : l'As, le Roi, la Dame, le Valet et le Dix de l'atout.

Quand on joue un sans atout, les Honneurs sont les quatre As.

ART. 7. — Les Honneurs ne seront comptés que de la manière suivante, quelle que soit la couleur :

1º *Cinq* Honneurs ou 4 As dans une main se marquent 100 points.

2º *Quatre* Honneurs dans une main se marquent 50 points.

La Chicane ne se marque pas; il en est de même du cinquième Honneur chez le partenaire.

CHAPITRE III

Chelem

ART. 8. — *a*) Si, en dehors des levées comptées par suite d'une renonce, un camp fait 12 levées, c'est-à-dire « *petit chelem* », il marque 50 points de boni ; s'il fait les 13 levées, c'est-à-dire « *grand chelem* », il marque 100 points.

b) Si le déclarant est fait chelem ou petit chelem, la valeur de ce chelem est marquée au compte des adversaires.

CHAPITRE IV

Erreurs dans la marque

ART. 9. — A la fin d'un robre, les points pour les levées, les Honneurs, les Chelem, les Bonis et les Amendes sont additionnés pour chaque camp. Une queue de 250 points est acquise au robre qui termine la partie.

La différence entre les deux totaux forme le nombre de points gagnés ou perdus par chacun des gagnants du robre.

ART. 10. — Si une erreur de marque concernant les levées, les bonis ou les amendes est établie, cette erreur peut être rectifiée jusqu'à ce que la dernière carte de la donne suivante ait été distribuée, ou, si l'erreur a eu lieu dans le dernier coup du robre, jusqu'à ce que le total du gain ou de la perte ait été établi et accepté.

Art. 11. — Si une erreur de marque concernant les Honneurs ou le Chelem est établie, cette erreur peut être corrigée avant que le total du gain ou de la perte du robre ait été établi et accepté.

CHAPITRE V

Tirage

Art. 12. — L'As est la plus petite carte.

Art. 13. — Les joueurs doivent toujours *se servir du même paquet de cartes* pour tirer.

Art. 14. — Si un joueur en tirant fait voir plusieurs cartes, il doit tirer à nouveau.

CHAPITRE VI

Formation des tables

Art. 15. — Table à six joueurs.

Pour le jeu à six, deux systèmes peuvent être adoptés :

a) Les joueurs ayant tiré ; ceux qui ont les deux plus fortes cartes sont rentrants ; ceux qui ont les deux plus basses jouent ensemble contre les deux autres. Le joueur qui a la plus petite carte aura la donne.

Après le premier robre les deux gagnants aux points se retirent, puis après chacun des robres suivants, les deux joueurs ayant fait deux parties consécutives.

b) Dans le second système, les six joueurs ayant tiré, ils sont numérotés : 1, 2, 3, 4, 5, 6, en commençant par celui qui a la plus basse carte, et le roulement des parties a lieu suivant le tableau ci-après :

1	avec	2	contre	3	avec	4
1	—	5	—	2	—	6
3	—	5	—	4	—	6
1	—	3	—	2	—	4
1	—	6	—	2	—	5
3	—	6	—	4	—	5

Jeu à cinq

Art. 16. — Cinq joueurs ont la faculté de former leur table à cinq. Dans ce cas, ils en prennent la décision en constituant leur table et, les cinq joueurs ayant tiré, on les numérote de 1 à 5 dans l'ordre des cartes tirées en commençant par la plus basse. Leurs noms sont inscrits sur un carton avec mention : *Table à cinq*. Le joueur ayant la plus petite carte est pivot. Il joue la première partie avec celui qui avait la plus petite carte après lui (joueur 2), contre les joueurs 3 et 4.

Après cette partie le joueur 4 sort et le joueur 5 rentre avec le pivot et ainsi de suite, le pivot sortant pour la cinquième et dernière partie du tour, dans laquelle les joueurs 2 et 4 sont ensemble contre les joueurs 3 et 5.

Cinq joueurs ayant décidé de former leur table à cinq ne peuvent y renoncer pour admettre un sixième, que si cette décision est prise en faveur du premier joueur qui aura demandé à rentrer, sinon à la fin des cinq parties du tour.

CHAPITRE VII

La donne

ART. 17. — Chaque joueur donne à son tour, en suivant de droite à gauche.

ART. 18. — Le joueur à la droite du donneur coupe et, ce faisant, ne doit pas laisser moins de quatre cartes dans un des deux paquets. Si, en coupant ou en replaçant un paquet sur l'autre, une carte est vue, ou s'il y a doute sur le placement des deux paquets, on doit couper à nouveau.

ART. 19. — On doit redonner :

1º Si le donneur a oublié de faire couper et si les adversaires s'en aperçoivent avant que la dernière carte soit distribuée et avant d'avoir vu leur jeu.

2º Si une carte du paquet est face en dessus.

ART. 20. — Si pendant la donne, une carte est montrée, une nouvelle donne est obligatoire.

ART. 21. — Si un paquet de cartes, pendant ou après le robre, est trouvé inexact ou imparfait, cela ne change rien aux comptes passés ; seulement le coup pendant lequel l'imperfection a été notifiée est nul, et le donneur doit donner à nouveau.

ART. 22. — Si un joueur donne hors son tour, ou avec les cartes des adversaires, on doit l'arrêter avant que la dernière carte soit donnée, autrement la donne est bonne et le coup continue comme s'il n'y avait pas eu d'erreur.

Toutefois les adversaires de celui qui a donné à tort pourront reprendre leurs cartes, si bon leur semble le coup suivant.

ART. 23. — Un joueur ne peut ni battre, ni couper, ni donner pour son partenaire sans la permission des adversaires.

CHAPITRE VIII

Déclarations

ART. 24. — Le donneur ayant regardé son jeu, *doit déclarer*, qu'il passe ou qu'il prend l'engagement de gagner une levée au moins, mais il peut en déclarer plusieurs.

ART. 25. — Après que le donneur a fait sa déclaration chaque joueur à son tour, commençant par celui à gauche du donneur, a le droit de faire une déclaration plus haute que la précédente, ou de contrer cette déclaration, ou de surcontrer une déclaration déjà contrée (dans les limites de l'article 33) ou de passer.

Une déclaration d'un plus grand nombre de levées dans une couleur qui égale ou est inférieure à la déclaration précédente comme valeur de points est pourtant considérée comme la primant.

Exemple : Une déclaration de quatre trèfles est supérieure à celle de trois piques.

Un joueur qui, par un lapsus linguae, fait une déclaration autre que celle qu'il veut faire, par exemple cœur au lieu de carreau, peut se reprendre si le joueur suivant n'a pas encore parlé.

ART. 26. — Chaque joueur, à son tour, peut surenchérir la précédente déclaration un nombre illimité de fois et peut aussi surenchérir sur son partenaire, mais il ne peut augmenter sa propre déclaration si elle a été acceptée par les trois autres joueurs.

Quand la déclaration finale est faite, si deux partenaires ont déclaré la même couleur, ou sans atout, le joueur qui a fait la première déclaration dans cette couleur jouera le coup, le jeu de son partenaire devenant le mort, et étant mis sur la table après que l'adversaire de gauche du joueur aura joué sa première carte.

ART. 27. — Quand le joueur (que nous appelons le déclarant) réussit à gagner au moins autant de levées qu'il en a déclaré, il marque la pleine valeur des levées demandées et aux honneurs 50 par levée faite en sus ; mais quand il ne réussit pas, ses adversaires marquent 50 points (amendes) pour chaque levée en moins du nombre déclaré ,si la déclaration est contrée ou surcontrée tous ces chiffres sont doublés et quadruplés et au cas de réussite le déclarant marque en sus 50 ou 100 points pour réussite du contrat.

ART. 28. — Si un joueur fait la première déclaration en dehors de son tour et que l'erreur soit constatée par l'un des autres joueurs, avant que le suivant ait fait une autre déclaration, ce dernier peut accepter la dite déclaration en disant « j'accepte » et alors les enchères continuent comme si la déclaration avait été faite à son tour; ou bien le même adversaire peut déclarer : « je demande une nouvelle donne ». Mais dans ce cas le partenaire de ce dernier a encore le droit de déclarer le coup valable, et les enchères continuent alors comme si ladite déclaration avait été faite à son tour.

La décision du premier doit être prise rapidement.

Si le coup n'est pas accepté, une nouvelle donne a lieu comme si la précédente avait été valable.

ART. 29. — Si, après ouverture des enchères un joueur en enchérissant déclare un nombre insuffisant de levées pour surmonter la déclaration précédente, il sera considéré comme en ayant déclaré le nombre nécessaire pourvu que ce nombre ne dépasse pas sept, et dans le cas où il dépasserait sept, il est maintenu à sept ; son partenaire n'aura plus le droit de surenchérir, à moins que l'un ou l'autre des adversaires ne fasse une déclaration plus forte, ou ne fasse contre. Si, cependant, cette déclaration insuffisante se trouve consacrée avant que l'erreur ait été relevée par l'un des adversaires par le fait du joueur suivant déclarant : « *je passe* », ou par un contre, ou une déclaration plus haute, aucune rectification n'est plus admise et les enchères peuvent continuer, le partenaire et les adversaires ayant le droit de faire une déclaration supérieure à celle erronée.

ART. 30. — Après la déclaration finale, un joueur n'a le droit de donner à son partenaire aucune information relative aux déclarations précédentes, qu'elle ait été faite par lui-même ou par l'un des adversaires. Mais un joueur peut demander à n'importe quel moment du jeu quelle est la déclaration finale.

CHAPITRE IX

Contre et surcontre

ART. 31. — L'effet du contre et du surcontre est de doubler ou de quadrupler la valeur de chaque levée au-dessus de six, comme il est dit à l'art. 5, mais cela ne change pas la valeur de la déclaration.

Exemple : Une déclaration de deux trèfles est plus forte qu'une déclaration de un cœur, malgré que le cœur ait été contré.

ART. 32. — Toute déclaration peut être contrée et sur-contrée une fois, mais pas plus. Un joueur ne peut pas contrer la déclaration de son partenaire ou en surcontrer le contre. Mais il peut surcontrer la déclaration de son partenaire qui a été contrée par ses adversaires.

ART. 33. — Le fait de contrer ou surcontrer ouvre à nouveau les enchères. Quand il y a un contre ou surcontre, tout joueur, même celui dont la déclaration a été contrée peut, à son tour, faire une nouvelle déclaration de valeur plus haute.

ART. 34. — Quand un joueur dont la déclaration a été contrée la réussit en gagnant au moins le nombre déclaré de levées, il marque un Boni de 50 points pour ce succès et 100 points pour chaque levée faite en surcroît.

Ces chiffres sont portés à 100 et 200 dans le cas d'un surcontre.

ART. 35. — Si un joueur contre ou surcontre en dehors de son tour, le règlement du cas sera le même que celui d'une déclaration faite hors tour. (Art. 28).

ART. 36. — Quand la déclaration finale est établie (voir Art. 26) le jeu commence et le joueur à la gauche du déclarant joue la première carte.

ART. 37. — Une déclaration une fois faite ne peut pas être changée, excepté dans les cas prévus à l'article 29.

CHAPITRE X

Le mort

ART. 38. — Aussitôt que la première carte est jouée, le partenaire du déclarant place ses cartes sur la table. La charge de jouer cette main (qui est appelée le Mort) et de réclamer les pénalités méritées pendant le jeu, incombent au déclarant, sans l'assistance de son partenaire.

ART. 39. — Avant de placer ses cartes sur la table, le partenaire du déclarant a tous les droits d'un joueur, mais sitôt après, il ne doit prendre aucune part au jeu, sauf qu'il peut :

a) Demander au déclarant s'il n'a réellement pas d'une couleur à laquelle il renonce ;

b) Eveiller l'attention du déclarant s'il s'aperçoit qu'il y a trop ou pas assez de cartes sur une levée ;

c) Discuter la réclamation d'un adversaire pour une pénalité qu'il n'aurait pas méritée ;

d) Faire remarquer qu'une levée a été ramassée par le côté qui n'y avait pas droit ;

e) Participer à la discussion de toute question de fait ou de règle ;

f) Corriger un marquage erroné.

Mais s'il fait, en dehors des cas ci-dessus, une remarque qui puisse attirer une pénalité sur ses adversaires, le déclarant perdra son droit à exiger cette pénalité.

ART. 40. — Si le partenaire du déclarant, soit en touchant une carte ou autrement, suggère une carte à jouer du Mort, l'un ou l'autre de ses adversaires peut (mais sans demander avis à son partenaire) obliger le déclarant soit à jouer, soit à ne pas jouer cette carte.

ART. 41. — Quand le déclarant sort une carte du Mort ou de sa propre main, elle n'est considérée comme jouée que lorsqu'il l'a lâchée.

ART. 42. — Une carte jouée (ou nommée par le déclarant) de sa main ou du Mort, ne peut plus être retirée, sauf pour éviter une renonce.

ART. 43. — Le Mort n'est pas sujet à pénalités pour renonce puisque ses adversaires voient ses cartes. S'il renonce et que l'erreur ne soit pas découverte avant que la levée soit retournée, la levée reste acquise comme bonne.

ART. 44. — Le déclarant ne peut pas subir de pénalité pour une erreur dont il ne peut tirer aucun avantage. Ainsi il peut laisser voir une ou plusieurs cartes de son jeu sans encourir de pénalités.

CHAPITRE XI

Cartes à appeler

Art. 45. — Une carte « à appeler » doit être exposée devant le joueur en faute ; le déclarant a le droit, quand on joue la couleur de cette carte et au moment où le joueur en faute a à fournir, de l'obliger à la mettre, ou de lui interdire de la mettre, à moins qu'elle soit seule de sa couleur dans la main dudit joueur.

Art. 46. — Si, la donne faite et avant la déclaration finale, un joueur quelconque laisse voir une carte de sa main, le règlement du cas est le même que celui prévu à l'art. 28.

Si la donne est acceptée, la carte vue est reprise et ne pourra pas être appelée.

Art. 47. — Si, après la déclaration finale, et avant que la première carte ait été jouée, le partenaire du joueur qui doit jouer laisse voir une carte de sa main, le déclarant peut ou appeler cette carte en exigeant que celui qui doit jouer attaque dans cette couleur ou lui défendre de jouer sa première carte dans cette couleur.

Art. 48. — Toute carte montrée indûment par les adversaires du déclarant est susceptible d'être appelée et doit être laissée sur la table face en l'air.

Mais n'est pas considérée comme montrée la carte tombée par terre.

Est considérée comme montrée :

a) Toute carte jouée en même temps qu'une autre par un joueur, celle qu'il dit avoir voulu jouer étant considérée comme l'étant effectivement ;

b) Toute carte tombée face en l'air sur la table, même si elle a été relevée assez vivement pour que personne ne puisse la nommer.

Art. 49. — Si en dehors du premier coup d'une donne l'un ou l'autre des adversaires du déclarant joue hors tour, le déclarant, si c'est à eux à jouer, peut les obliger à jouer une certaine couleur ; si c'est à lui à jouer en premier, il peut appeler la carte qui a été jouée par erreur.

Art. 50. — Si le déclarant joue en dehors de son tour, soit de sa main, soit du mort, il n'encourt aucune pénalité, mais il ne peut pas rectifier son erreur après que la deuxième carte du tour est jouée, à moins que l'un des deux adversaires ne le demande.

ART. 51. — Si un joueur quelconque joue le premier hors tour et si le suivant a joué après lui, l'erreur ne peut plus être rectifiée.

ART. 52. — L'appel d'une carte peut être répété jusqu'à ce qu'elle ait été jouée.

Art. 53. — Si un joueur est appelé à jouer une couleur et qu'il n'en ait pas, il n'y a pas d'autre pénalité.

CHAPITRE XII

Cartes jouées par erreur ou non jouées

ART. 54. — Si l'un des adversaires du déclarant devant jouer en dernier, sur un coup quelconque, a fourni avant son partenaire, ce dernier peut être obligé par le déclarant, suivant les cartes qu'il a en main, à prendre ou à ne pas prendre la levée.

Cette pénalité ne lui sera pas imposée si la troisième main a, elle-même, joué trop tôt.

ART. 55. — *a*) Si une des quatre mains a omis de jouer sur une levée et si deux cartes de la levée suivante ont été jouées avant que l'on s'en aperçoive, il est trop tard pour rétablir le coup, mais les adversaires du joueur en faute, pourront réclamer une nouvelle donne au moment où l'erreur est signalée, même si c'est à la fin du coup. S'ils ne la réclament pas, la carte restant en main à la fin du coup sera considérée comme ayant été jouée sur la levée incomplète mais sans qu'il y ait eu renonce faite de ce chef.

b) Si une des quatre mains a joué 2 cartes sur une levée et si deux cartes de la levée suivante ont été jouées avant que l'on s'en aperçoive, il est trop tard pour rétablir le coup, mais les adversaires du joueur en faute pourront réclamer une nouvelle donne au moment où l'erreur est signalée, même si c'est à la fin du coup. S'ils ne la réclament pas, la main en faute ne joue pas sur la dernière levée sans que cela constitue une renonce.

ART. 56. — Si à un moment donné, même à la fin d'un coup, il est constaté qu'une main a une carte en trop et une main de l'autre camp une carte en moins, le coup est annulé.

CHAPITRE XIII

La renonce

Art. 57. — Il y a renonce quand un joueur (autre que le mort), ayant une ou plusieurs cartes de la couleur jouée, joue une carte d'une couleur différente.

Art. 58. — Les pénalités pour chaque renonce sont :

a) Lorsque le déclarant renonce, ses adversaires marqueront 150 points en plus de l'amende qu'il peut avoir encourue pour ne pas avoir réussi sa déclaration.

b) Lorsque l'un des adversaires renonce, le déclarant peut marquer 150 points, ou bien il peut prendre trois levées de ses adversaires et les ajouter aux siennes. De telles levées prises pour pénalités, peuvent servir le déclarant à faire réussir sa déclaration. Si ces levées sont contrées ou surcontrées les levées qui ont servi à parfaire la déclaration sont comptées au même prix que les autres. Les levées en surplus ne donnent droit, qu'il y ait contre ou surcontre, qu'à un boni de 50 points par levée.

c) En cas de contre ou de surcontre pour les deux camps, les bonis ou pénalités sont doublés ou quadruplés.

En aucune circonstance des partenaires ne peuvent rien compter (excepté pour les Honneurs) sur une main pendant laquelle l'un d'eux a renoncé.

Une renonce réitérée compte comme une nouvelle renonce et devra être comptée comme la première.

Art. 59. — Une renonce est établie si la levée dans laquelle elle a lieu à été retournée et abandonnée, et que le renonceur ou son partenaire, à tort ou à raison, a déjà joué pour la levée suivante.

Art. 60. — Un joueur peut demander à son partenaire si réellement il n'a point de carte de la couleur à laquelle il a renoncé ; si la question est faite avant que la levée ait été retournée et abandonnée, la renonce n'est pas établie même après que la levée aura été retournée et abandonnée, et l'erreur peut être corrigée, à moins que l'on ait répondu négativement à la question et que le renonceur ou son partenaire n'ait déjà joué pour la levée suivante.

Art. 61. — A la fin d'un coup, les réclamants d'une renonce sont autorisés à vérifier toutes les levées.

Art. 62. — Si un joueur découvre son erreur à temps pour éviter une renonce, tous les joueurs qui auront joué après lui pourront retirer leurs cartes et les remplacer par d'autres, et ces cartes retirées ne seront pas susceptibles d'être appelées. Si le joueur en faute est l'un des adversaires du déclarant, le déclarant sera autorisé à appeler la carte jouée par erreur, ou bien il pourra exiger que le joueur en faute joue la plus haute ou la plus basse carte de la couleur, à la levée sur laquelle il avait renoncé.

Art. 63. — Si le joueur en faute est le déclarant, le joueur à sa gauche peut lui demander de jouer la plus haute ou la plus basse carte de la couleur renoncée, mais seulement si les deux adversaires du déclarant ont déjà joué sur cette levée en cours ; mais cette pénalité ne peut être exigée du déclarant s'il est quatrième joueur, et de même elle ne peut être exigée du mort.

Art. 64. — Après une renonce signalée, si le joueur présumé l'avoir faite ou son partenaire mélange les cartes avant qu'elles aient été suffisamment examinées par les adversaires la renonce est établie.

Art. 65. — Une renonce ne peut être réclamée après que les cartes ont été coupées pour la donne suivante.

Art. 66. — Si les deux camps ont fait chacun une renonce, personne ne marque rien, excepté les Honneurs. Si les deux camps ont fait des renonces, celui qui en a fait le moins marque 150 points pour chaque renonce en plus faite par l'autre.

CHAPITRE XIV

Jeux neufs

Art. 67. — Un joueur, avant que les cartes aient été coupées, peut demander des cartes neuves. Il doit demander deux nouveaux jeux ; le donneur aura le choix des cartes.

Le prix des cartes sera payé par le joueur qui les aura demandées.

CHAPITRE XV

Règles générales

Art. 68. — Chaque joueur, durant le cours d'une levée, ou après que les quatre cartes sont jouées, et avant qu'elles soient touchées pour les ramasser, peut demander que ces cartes soient replacées devant leurs joueurs respectifs.

Art. 69. — Si l'un des adversaires du déclarant, avant que son partenaire ait joué, appelle l'attention sur la levée, soit en disant qu'elle est à lui, ou en désignant sa carte, ou, sans en être requis, retire sa carte vers lui; sans que son partenaire ait demandé le tableau, le déclarant peut obliger le partenaire de cet adversaire à prendre, ou à ne pas prendre, s'il a une carte le lui permettant.

Art. 70. — Dans tous les cas où une pénalité a été encourue, on est obligé de laisser à ses adversaires le temps raisonnable de la discussion.

Art. 71. — En principe, les spectateurs doivent s'abstenir de toute observation.

Si néanmoins un spectateur fait une remarque qui appelle l'attention d'un ou plusieurs joueurs sur le nombre des points à marquer, il est susceptible d'être appelé, par les joueurs seulement, à payer le montant de la différence signalée à chacun des deux joueurs qui en bénéficient.

Art. 72. — Un spectateur, avec l'acquiescement des joueurs, peut décider de toute controverse.

Art. 73. — Une ou plusieurs cartes déchirées ou marquées doivent être, ou bien remplacées avec le consentement général, ou remplacées par de nouveaux jeux aux dépens de la table.

Art. 74. — Un quelconque des joueurs a le droit de voir, en outre des cartes jouées non retournées, la levée précédente.

Si aucune carte n'est jouée sur le tapis, on a le droit de voir les deux dernières levées.

CHAPITRE XVI

La correction au jeu de Bridge

Il n'est pas loyal de faire sciemment une déclaration inférieure à la précédente.

La déclaration doit être faite d'une manière usuelle telle que « un cœur », « un sans atout », ou « je passe », « je contre », sans manifestation.

En dehors de sa déclaration régulière, un joueur ne doit en aucune façon donner une indication sur la nature de son jeu et sur le plaisir ou la crainte qu'il éprouve à jouer sur une nomination ou un contre.

Un joueur ne doit pas jouer une carte avec ostentation pour attirer l'attention sur cette carte.

Un joueur qui vient de jouer une carte maîtresse ou qui peut être considérée à bon droit de valeur supérieure à celles de ses adversaires, ne doit pas tirer une seconde carte de son jeu avant que son partenaire ait joué, car ce geste indiquerait qu'il conserve ou qu'il désire conserver la main.

Un joueur qui a regardé ses cartes ne doit donner aucune indication (soit par mots ou par gestes) sur la nature de son jeu, ni appeler l'attention de son partenaire sur l'état de la marque.

Un joueur qui désire que les cartes d'une levée en cours soient replacées devant les joueurs respectifs, ou qui désire revoir la levée précédente, ne doit le faire que pour sa propre instruction et non pas pour attirer l'attention de son partenaire.

Un joueur ne doit pas s'opposer à ce qu'il en soit référé à un spectateur pour décider, par exemple, qui a joué telle carte, ou si les Honneurs réclamés n'ont pas été marqués, etc.

Il n'est pas loyal de faire volontairement une renonce.

Ces observations ne peuvent pas être réellement appelées Règles et on ne peut leur appliquer aucune pénalité, le seul remède est de cesser de jouer avec ceux qui ne les respectent pas.

Règle du Jeu de Bridge

Aux Enchères

A Trois Joueurs

Les règles sont les mêmes que pour le jeu à 4 joueurs, sauf les variations suivantes :

ARTICLE PREMIER. — Le jeu est joué par trois joueurs, chacun pour son compte. Une table est complète avec quatre joueurs.

ART. 2. — Le joueur qui tire la plus basse carte a la première donne ; le joueur qui a la plus basse après lui s'assoit à la gauche et le troisième à la droite du premier. Les cartes sont distribuées comme au jeu à 4, mais les cartes du Mort ne sont pas touchées avant la déclaration finale, à moins que les joueurs ne conviennent de jouer en retournant immédiatement après la donne 6 cartes du Mort. Si une carte est vue pendant la donne, on doit redonner.

ART. 3. — Le donneur fait sa déclaration et les enchères continuent comme au jeu à 4, excepté que les deux joueurs assis en face l'un de l'autre ne sont pas partenaires et déclarent chacun pour son propre compte.

Il n'y a pas de nouvelle donne parce qu'un joueur aura fait une déclaration hors son tour, mais ce joueur payera 50 points à chacun des deux autres joueurs, la déclaration reprend à celui dont c'était le tour avant la faute. Le joueur qui a fait la déclaration finale (c'est-à-dire celle qui a été acceptée par les 2 autres), joue avec sa main et le Mort contre les 2 autres joueurs qui ainsi, et pour ce coup seulement, deviennent momentanément partenaires. Si l'un des deux joueurs est assis en face du déclarant, il doit aller s'asseoir sur le quatrième siège vacant, de façon à être placé en face de son partenaire temporaire.

Art. 4. — Si, une fois les cartes distribuées et avant que la première carte ait été jouée, un joueur laisse voir une carte de sa main, il payera 100 points à chacun des autres joueurs et le déclarant (s'il n'est pas le joueur en faute) pourra empêcher le joueur à sa gauche de jouer en premier dans la couleur de la carte exposée. S'il n'exerce pas ce droit, la carte doit rester sur la table face en l'air comme carte appelée.

Si une carte est montrée par le déclarant, après la déclaration finale, il n'y a pas de pénalité.

Art. 5. — Si un joueur contre hors son tour, il paye 100 points à chacun de ses adversaires et le joueur, dont la déclaration aura été aussi contrée à tort, aura le droit de dire si ce contre doit ou ne doit pas demeurer.

Les enchères sont donc reprises. Mais si le contre n'a pas été maintenu, la susdite déclaration ne pourra pas être contrée à nouveau par le joueur à la droite du joueur en faute.

Art. 6. — Le Robre se compose de quatre jeux de 30 points, mais quand deux jeux ont été gagnés par le même joueur, les autres ne sont pas joués.

Art. 7. — Quand le déclarant réussit sa déclaration, il marque comme au jeu à quatre ; quand il ne réussit pas, ses deux adversaires marquent les amendes chacun à son compte.

Art. 8. — La manière de marquer est la même qu'au jeu à quatre, sauf en ce qui concerne les Honneurs qui sont marqués à chaque joueur séparément, c'est-à-dire chaque joueur qui a un Honneur, à pique par exemple, marque 9 ; 2 Honneurs à pique, 18 ; 3 Honneurs, 27 ; 4 Honneurs, 36 ; 5 Honneurs, 45 ; et pareillement pour les autres couleurs. Au sans atout, l'As compte 10 et si un joueur a les 4 As, il marque 100.

Art. 9. — Pour chaque jeu de 30 points gagnés, un joueur ajoute 100 points de boni, et en outre 250 points s'il gagne le Robre.

Art. 10. — A la fin du Robre, le total des points gagnés par chaque joueur est additionné séparément et chaque joueur gagne ou perd vis-à-vis des deux autres joueurs la différence entre son propre total et celui de chacun des deux autres respectivement.

Table des Matières

PAGES

CHAPITRE   I. — LE ROBRE...................................... 3
CHAPITRE   II. — LA MARQUE.................................... 3
CHAPITRE   III. — LE CHELEM.................................... 4
CHAPITRE   IV. — ERREURS DANS LA MARQUE................ 4
CHAPITRE   V. — TIRAGE...................................... 5
CHAPITRE   VI. — FORMATION DES TABLES.................. 5
CHAPITRE   VII. — LA DONNE.................................. 6
CHAPITRE   VIII. — DÉCLARATIONS............................. 7
CHAPITRE   IX. — CONTRE ET SURCONTRE.................. 9
CHAPITRE   X. — LE MORT.................................... 9
CHAPITRE   XI. — CARTES A APPELER........................ 11
CHAPITRE   XII. — CARTES JOUÉES PAR ERREUR OU
                   NON JOUÉES.............................. 12
CHAPITRE   XIII. — LA RENONCE............................... 13
CHAPITRE   XIV. — JEUX NEUFS............................... 14
CHAPITRE   XV. — RÈGLES GÉNÉRALES...................... 14
CHAPITRE   XVI. — LA CORRECTION AU JEU DE
                   BRIDGE.................................. 15
RÈGLE DU BRIDGE A TROIS.................................... 17

Table des Pénalités

	ARTICLES
CARTE MONTRÉE.	20
CONTRAT NON REMPLI.	27
DÉCLARATION HORS TOUR.	28
DÉCLARATION INSUFFISANTE.	29
CONTRE HORS TOUR.	35
INTERVENTION DU MORT.	40
CARTE MONTRÉE.	46
—	47
—	48
CARTE JOUÉE HORS TOUR.	49
—	50
—	51
—	54
CARTE NON JOUÉE.	55
CARTES JOUÉES EN TROP.	55
RENONCE	58
—	62
RENONCE DU DÉCLARANT.	63
INDICATION DU PARTENAIRE.	69
OBSERVATION D'UN SPECTATEUR.	71

66016-10-26. — Paris. Imp. Villain et Bar, 22, rue Dussoubs.

www.ingramcontent.com/pod-product-compliance
Lightning Source LLC
LaVergne TN
LVHW011018180726
843502LV00007B/2611